Salt Oracle

- Oráculo de Sal -

Ivonne Gordon

translated by

Diego E. Fernandez

Salt Oracle

- Oráculo de Sal -

ELYSSAR
PRESS

Printed in the United States of America

First Printing, 2023
ISBN 979-8-9853686-6-6

Elyssar Press
175 Bellevue Ave
Redlands, CA 92373

www.ElyssarPress.com

Cover Illustration by Gayle Baird
Cover & Book design and production by Stephanie Aoun Bou Karam
Photographs by Ivonne Gordon

Library of Congress Cataloging-in-Publication Data

Índice

Index

You will spend a lifetime chipping away layers
of flesh. The shadow of your scales
will always remain. You will be marked
by sulphur and salt.

Shara Mccallum

Salt blood blocks his eyes.
Scattered on the level grass
Or winding through the grove
Plato there and Minos pass,
There stately Pythagoras
And all the choir of Love.

William Buttler Yeats

Con cautela

Con cautela
se mete dentro de sí misma
y busca
calladamente el sonido del corazón.
En el camino lleno de raíces
mastica semillas de girasol.
Se da la vuelta
dentro de su piel
y encuentra el brazo.
Con sosiego
se arrodilla
como si estuviera en medio de la niebla
extiende la pierna de atrás
dobla la rodilla de adelante
y sin pensarlo más
se vuelve paloma.

Cautiously

She enters
herself cautiously
and listens
for the sound of her heart.
She chews sunflowers seeds
on a path full of roots.
She turns
inside her skin
and finds her arm.
She kneels
calmly
as if amid the haze
she extends her back leg
bends her front knee
and without a thought
turns into a dove.

En las profundidades

En las profundidades
hacen un pacto,
le entrega un saco lleno de palomas
a cambio de una vida llena de impresiones.

Le agradece las arrugas
la carne abierta
la piel de mujer que lleva encima.

Ve por atrás
y se da la vuelta entera.

Entra en el mundo de la cobra que se retuerce
y se recupera poco a poco
al levantar el pecho,
y con la respiración
siente

que era su propia adivina.

The Abyss

They make a pact
in the depths
exchanging a coat of doves
for a life of impressions.

She is thankful for the wrinkles
the open flesh
the female skin she wears.

She looks behind
and turns around completely.

She enters the world of the writhing cobra
and recovers little by little
by lifting her chest
and with a breath
feels

that she is her own seer.

El atrevimiento

El atrevimiento
me hizo mirar
a la luna preñada.

Entró el cielo
por un ojo

entró un aire tibio
por el iris

y así sucesivamente
fue entrando la noche
en mi cuerpo
que parecía
río de meridiano.

Comprendí que la luna
no iba a ninguna parte
y se alargó la pierna.

Boldness

Boldness
made me look
to the pregnant moon.

The sky entered
through one eye

a warm air passed
through the iris

and so, in turn,
the night entered
my body
which resembled
a meridian river.

I understood that the moon
was not going anywhere
and a leg unfurled.

Extiende

Extiende las manos
sobre el cuerpo de la otra,
saldrá de tus manos
la luz de las estrellas,
que todo redime.
Con las manos
te hospedas en el fuego
y en la palabra.

Has conseguido unir
las dos fuerzas
en un matrimonio
frente al espejo.

Has unido al azar
las fuerzas que se pelean:
la ternura y la abnegación
se dan la mano,
el deseo
un pálpito inconsciente.
Entre el coraje y la blasfemia
se rebaten por perderse.

Vuelas alto
al lado de tu amante,
después de padecer hambre y sed,
tratas de calibrar las maldiciones divinas
te cubres el rostro,
y vuelves para celebrar el matrimonio
frente al espejo que sigue intacto
después de tu vuelo.

Extend

Extend your hands
over the other's flesh;
starlight will flow
from your fingers
redeeming all.
With your hands
you seek refuge in the fire
and in the word.

You have joined
both sides
in a marriage
facing the mirror.

You have joined adverse forces
by chance:
tenderness and abnegation
shake hands,
desire
an unconscious throb.
They struggle to vanish
between anger and blasphemy.

You fly high
beside your lover,
endure hunger and thirst,
you attune the divine curse,
cover your face,
and return to celebrate the marriage
in front of the mirror still intact
after your flight.

Una manta raya

Las olas del Pacífico chocan
contra su vientre,

para devolverle al rostro
ráfagas de claridad.

Las nubes cerca del volcán
humedecen las mejillas,

para declararle mujer de la tierra,
llena de ámbar y secretos nocturnos.

La luna acaricia el muslo,
y zurce musgos en la aurora.

Las olas chocan en el vientre
mientras una manta raya aletea un bramido.

Stringray

The Pacific waves crash
against her womb

to return gusts of clarity
to her face.

The clouds near the volcano
dampen her cheeks

to pronounce her woman of the earth,
full of amber and nocturnal secrets.

The moon strokes her thigh
and mends moss in the aurora.

The waves crash in the womb
while a stingray flutters a roar.

lleva otro
tiempo dentro

Lleva otro tiempo dentro
donde quiere vivir a toda costa.
Lleva granos de arena en su vientre
lleva girasoles en su cuerpo.

Lleva otro tiempo dentro
porque la duda está llena de polvo
sobre la rodilla derecha.
Lleva otro tiempo dentro
dentro de la presencia en las ojeras
en el cansancio, en el muslo,
mientras en la calle otra parecida pasa
y le saluda con olor a flores,
y se da cuenta que también es ella.

Lleva otro tiempo dentro,
donde empieza a morir
como cualquier otro día,
porque se reconoce y le da vergüenza.

Bears Another Time

She bears another time
where she can live at all costs.
Bears grains of sand in her womb
bears sunflowers on her skin.

She bears another time
for doubt is covered in dust
over the right knee.
She bears another time
present in the eye's dark circles,
in weariness, in the thigh,
while another like her passes on the street
and greets her with the scent of flowers,
and she realizes that they are the same.

She bears another time,
where she begins to die
like any other day,
for she sees herself and is ashamed.

Lleva otro tiempo dentro
dentro del sabor de los espejos en la lengua.
Lleva otro tiempo cualquiera
en el sabor de la cuchara sopera de palo
en el ají picante en la punta de los labios,
para no sentir el miedo que provoca el silencio
o el frío de las baldosas
o el viento que entra por las rendijas.

Lleva otro tiempo dentro,
dentro de la noche,
que habla como testigo con el silencio.
Los granos de arena caen,
mientras lleva otro tiempo
sin saber si ya es hora
de seguir al otro lado del espejo
o dejar que la cola pez dorado
penetre su vientre.

She bears another time
savored in the tongue's reflections.
Bears any other time
in the flavor of the wooden spoon,
in the hot chili touching the lips,
to avoid the fear of silence
or the cold floor tiles
or the wind that slips through the cracks.

She bears another time
within the night,
that testifies with silence.
The grains of sand fall
while she bears another time
without knowing if the time has come
to cross to the other side of the mirror
or to let the golden-tail fish
slip into her womb.

Tocar el ombligo

Dejas que un tobillo
descanse en el otro,

en señal de espera.
Nada está afuera

del azar y la muerte.
Las manos descansan en los muslos,

como gotas de ámbar en el umbral de los sueños.
Con la cabeza erguida hacia el cielo,

alcanzas la nube,
y las caderas posan

en la tierra paciente.
Las plantas de los pies recorren

pasos en el otro lado de la memoria.
En el vidrio aparecen jazmines y polvo,

y con el dedo gordo tocas
el ombligo que es aurora al mismo tiempo.

Touch the Navel

You let an ankle
rest on the other,

as a sign of waiting.
Nothing is beyond

chance and death.
Your hands rest on your thighs,

like drops of amber on the doorway of dreams.
With your head erect to the sky,

you reach the cloud
and your hips pose

in the patient earth.
Your soles retrace footprints

on the other side of memory.
Jasmine and dust appear on the glass,

and with your thumb, you touch
the navel that is also a dawn.

Despierta

Corres peligro
en ese cuerpo,

donde las olas del deseo y del reloj
corren dentro.

Aunque busques una pieza
ante la necesidad y el deseo.

Despierta con el olor de romero
para que tu cuerpo se llene de olas pasajeras.

Wake

You run a risk
in that body,

where the waves of desire and time
clash inside.

Even though you search for a piece
in necessity and desire.

Wake to the scent of rosemary
to fill your body with transient waves.

Pose del águila

Un halcón entra en el cuarto
y decides
que lo mejor es ponerte
en pose de águila.

Te pones de pie
cruzas la pierna alrededor
de la otra
pones el codo
encima de la cavidad del otro
y haces de las manos
un encuentro.

Tratas de mantener el equilibrio.
Agradezco este momento de paz y simetría,
donde la tierra no está ni fría ni caliente,
donde el milagro de la vida
está presente,
sientes el cielo tierra moverse
a lo largo de tus caderas,
que se abren como mariposas ardientes.
Me hundo en el mar para aprender el abecedario,
respiras la mirada del halcón
bajas la pierna
y cambias de lado.

The Eagle Pose

A hawk enters the room
you decide
it is best to assume
the eagle pose.

You stand,
cross a leg over
the other,
place your elbow
over the cavity of the other
and make your hands
a gathering.

You seek equilibrium.
I am grateful for this moment of peace and symmetry,
where the earth is not cold nor hot,
where the miracle of life
is present;
you feel the sky earth move
along your hips
that open like fierce butterflies.
I sink into the sea to learn the alphabet,
you breathe in the hawk's gaze,
lower your leg,
and switch sides.

Un hilo de luz

El agua cae
y amanece calladamente.

El agua cae como gotas de lluvia,
y se da la vuelta en el día.

Estuvo presente, cuando la muerte vino a reclamarla
escuchó su último suspiro,
mientras el agua cae.

Planta los pies y extiende los brazos,
ante la presencia de un hilo de luz
junta las palmas de las manos
y las coloca cerca del corazón.

A Thread of Light

Water falls
and wakes silently.

Water falls like rain,
and turns in daylight.

She was present, as death reclaimed her,
and heard the final sigh,
while water falls.

She plants her feet and opens her arms
before a thread of light,
joins her palms
and places them on her heart.

la pose de loto

La pose de loto
te entrega en el desayuno
el mundo que palpita.
Así te sientes al cepillarte los dientes,
porque cepillarse es un acto delicado.
Como decir lluvia,
llueve
llueve incesantemente,
te cepillas con pasta de dientes que promete blanquear
las manchas del café
te cepillas con una espuma blanca.

Mientras ves en el espejo un río lleno de peces.
Ha llegado el momento de recapacitar
como decir vagar
vaga
vagas incesantemente,
porque no eres el abrigo de lana que cuelga en el ropero,
ni eres las zapatillas de ballet escondidas en una esquina,
ni eres el viaje de un bisonte lleno de espanto.

Eres una miga de pan
atrapada en una muela.
Eres el ruido de la lluvia,
que cae a media noche.
Eres el agua que borbotea
en la fuente a la entrada de la casa.
Eres como decir lluvia
llueve.

The Lotus Pose

The lotus pose
grants you the pulsating world
at breakfast.
It is how you feel when you brush your teeth,
because brushing is a delicate act.
Like saying rain,
rains
rains without end,
you brush with a toothpaste that will whiten
the coffee stains.
You brush with white foam.

Meanwhile, in the mirror you see a river full of fish.
The time has come to reflect
like saying to roam,
roams,
you roam without end,
because you are not the woolen coat hanging in the closet,
not the ballet slippers hidden in a corner,
nor the journey of a fearful bison.

You are a breadcrumb
trapped in a molar.
You are the sound of rainfall
at midnight.
You are the water that bubbles
in the fountain of your home.
You are like saying rain,
rains.

Falta

Falta una pieza
para poder completar, completarse
porque de eso se trata de completar
completarnos.

La marca de Caín aparece a cado rato
nos reconocen, nos reconocemos,
sin buscar, y sin saber por qué,
y en el silencio de la nada
saber que algo falta.

Y buscas entre cartones llenos de romero,
buscas en medio del polvo
la pieza clave
que te completará, que nos completará.

Tu búsqueda entre las diferentes edades
siempre queda incompleta,
corres como una bestia que le van a apresar.

Missing

A piece is missing
to complete, to complete oneself
because that is what completion is about:
completing ourselves.

The mark of Cain often reappears,
they recognize us, we recognize ourselves,
without seeking, without knowing why,
and in the silent nothingness
know something is missing.

You search through cartons full of rosemary;
you search the dust
for the key piece
that will complete you, that will complete us.

Your search through the different ages
is always incomplete;
you run like a hunted beast.

Y entre el recuerdo y la memoria
te sientas al lado de la noche
y consultas el presagio:
te sientes herida
por la mirada
al otro lado
que busca completarte.

Corres sin detenerte en el bosque iluminado,
y te preguntas:
a qué sabe el olor a mar,
a qué huele el sabor a menta.

El espejo queda
porque siempre queda,
aunque seas el reflejo del sueño y de la nada,
aunque seas chatarra de olvido y de destino
aunque te sientas expulsada del paraíso
aunque busques una pieza
ante la necesidad y el deseo.

No importa lo que busques,
para completarte, completarnos.

El espejo queda
porque siempre queda,

No importa lo que busques.
para completarte, completarnos,

porque sin importarle nada
cada noche te espera sin pedir nada.

You sit beside the night
between recollection and memory
and consult the omen:
you feel hurt
by the gaze
on the other side
that seeks to complete you.

You race through the illuminated forest
and ask yourself
to taste the smell of the sea,
to smell the taste of mint.

The mirror remains,
it always does,
though you are the reflection of sleep and nothingness,
though you are the junk of neglect and destiny,
though you feel expelled from paradise,
though you seek a piece
facing need and desire.

No matter what you seek,
to complete you, complete us.

The mirror remains,
it always does,

No matter what you seek.
to complete you, complete us,

every night it waits indifferently
and asks nothing in return.

Estrellas de mar

Me lavo las manos
como si fueran estrellas de mar.
El agua corre por las manos
y se oculta entre las rocas,
creando lagunillas con los pájaros.
La espuma salada del mar
crece en las manos
humedeciendo los huesos ancestrales de mi especie.
Las manos se convierten
en el templo del rito sagrado,
ese rito que cada día lo repito
como si fuera un rito
que me devuelve la gracia
que me visita aunque no haya sido invitada,
trato de ver en las manos la línea de la vida
trato de ver cuantos tropiezos he tenido que librar,
el sufrimiento
de una casa que quedó sin ladrillos.

El agua y la espuma se remontan al tiempo de los mitos,
y los ancestros trazan las líneas
en forma de "m"
todo está consagrado.
En la palma de la mano
el alfabeto crece, se descifran misterios,
y toda marca de nuestra vida está ahí
silente, testiga:
marcas de dolor que nunca sanan.

Todo animal oscuro de tres ojos
está en la palma de la mano.

Starfish

I wash my hands
as if they were starfish.
The water runs through my hands
and hides among the rocks
forging lagoons with the birds.
The salty foam of the sea
grows in my hands
and dampens my ancestral bones.
My hands become a temple
for that sacred ritual
that I repeat daily
as if it were a rite
that returns me to grace,
that returns uninvited.
I search for the life line in my hands,
I search for the misfortunes I had to set free,
the suffering
of a home left without a brick.

The water and foam soar to a mythical time,
and the ancestors trace lines
in the shape of an "m";
all is consecrated.
The alphabet grows
in the palm of my hand, mysteries unfold,
and every mark of our life is there
silent, beheld:
marks of pain that never heal.

All dark, three-eyed beasts
rest in the palm of the hand.

El olor a insomnio

Huele el dolor en el lavabo
en los pelos que han caído
después de desvestirnos con una peinilla.
Después de lavarnos los dientes,
de sonreír exageradamente
frente al espejo
después de revisar los dientes
y darles el visto bueno,
ya que tu boca ha quedado sin memoria.
Huele el dolor en el lavabo,
la piel que cae y se renueva.
En este templo sagrado
los ritos de la noche y del día
se recuperan en el cuerpo,
en el olor a vacío
en el olor a insomnio.

En este templo divino
nunca amaneces, ni anocheces:
con los cambios de luna,
con el lunar en la espalda
con calendarios sin medias lunas
con jardines que florecen bajo el sol menguante.

En medio del rito ves en el reflejo
pezones con miel que atraen picaflores
que aletean sin detenerse.

The Smell of Insomnia

Smell the pain in the washbowl
in the fallen hair
after undressing with a brush.
After brushing our teeth
and smiling lavishly
in front of the mirror,
after inspecting our teeth
and approving,
now that your mouth is left without a memory.
Smell the pain in the washbowl,
the skin that falls and renews.
In this scared temple
our rituals of night and day
recover in the body,
in the scent of emptiness,
in the scent of insomnia.

In this divine temple
you neither wake nor slumber:
with the moon phases,
with the mole on your back,
with calendars missing crescent moons,
with gardens that bloom beneath the waning sun.

While you reflect in the ritual,
you see honey nipples lure hummingbirds
that flutter without a pause.

Un ojo de agua

Se sienta a la mesa y pela un mango.
Su olor penetra las grietas del mundo,
su jugo chorrea por los dedos,
y se lo come como si fuera la última vez
que come un mango
en un país no tropical.

Sólo para engañarse, otra vez,
el pájaro con su pecho amarillo
que no se acuerda su nombre,
pía.
Y se distrae
de descubrir si la noche es un lugar
o un espacio equívoco
donde vaga con mitos griegos,
donde no es quien es
sino otra cosa,
y por eso decide
regalar a los dioses
la fecundidad de la tierra
en un ojo de agua.

Spring of Water

She sits at the table and peels a mango.
The odor leaks through the earth,
its juice drips down her fingers,
and she eats as if it were
her last mango
in a temperate climate.

Only to be fooled again:
the bird with its golden chest
and its forgotten name
chirps.
And she is distracted
from discovering if night
is a mistaken place or space
where she roams with Greek myths,
where she is not herself
but something else,
and thus grants the gods
the land's fertility
in a spring well.

Soltar

Para soltar el agua
se requiere mucha práctica de silencio.
Requiere que encontremos el placer
y la dicha en la palanca,
aquella palanca que es fiel y modesta,
aquella palanca que es discreta y callada.
Aquella palanca, siempre testigo
de nuestros actos secretos.

Soltar el agua
es amanecer y anochecer,
es no mirar la primavera, trabajar y brotar
en un huerto cualquiera
sin nombre ni dueño
sin cerca
sin tiempo
ni deseo,
es simplemente eso,
brotar,
brotar en medio del desierto,
en medio de una roca,
en medio de un campo lejano,
así simplemente brotar,
broto,
en silencio con un testigo
siempre presente.

Flush

Flushing the toilet
requires a skilled silence.
It requires we find pleasure
and joy in the handle,
that loyal and modest handle,
that discreet and muted handle,
always a witness
to our secret acts.

Flushing the water
is dawn and dusk,
ignoring spring, working and sprouting
in any garden
without a name or a keeper
without a fence
without time
or desire,
it is simply that:
sprouting,
sprouting in the desert,
within a rock,
in a distant field,
simply sprouting,
I sprout,
in silence with a witness
always present.

Nacer a cada instante

Orinar es un jalón
de la vejiga,
es la comunión
con el agua, con la sal
con la piel del cielo.
Es la comunión con las alas de un ángel.
Es un acto lento
callado detrás de una puerta.
Como todo acto primigenio,
es secreto
no tiene nombre, ni tiene vergüenza.
Orinar es el otro lado:
los zapatos usados por tu padre,
la polvera de tu madre,
el olor a puro de tu padre
el olor a manzanilla de tu madre,
el olor y el aliento de la nostalgia
quién hubiera dicho que la nostalgia tiene olor,
huele mucho la nostalgia,
porque sabes que tus padres
ya no están.

Born Every Instant

Urinating is a tug
of the bladder,
the communion
with water, with salt,
with the skin of the sky.
It is the communion with an angel's wings.
It is a slow, quiet act
behind a door.
It is a secret
like all primal acts;
it is nameless, without shame.
Urinating is the other side:
your father's worn shoes,
your mother's powder,
the scent of your father's cigar,
your mother's scent of chamomile,
the aroma and breath of nostalgia.
To think that nostalgia has an odor.
The scent is strong
because you know your parents
are no longer here.

Es ese vacío lento, callado detrás de una puerta
que queda.
Orinar es eso,
nacer a cada instante:
nazco, es decir
las ráfagas del viento
nacen
es eso
nacen,
el cielo orina,
los perros orinan.
Orinar es eso
nacer de nuevo cada instante.

That slow, quiet emptiness
behind a forgotten door.
Urinating is simply that:
being born every instant.
I am born, or better yet,
the gusts of wind
are born.
The sky urinates,
dogs urinate.
Urinating is simply that:
being born every instant.

Barro blasfemo

Cómo empezar a hablar de una mujer
de tamaño menudo que con sus manos
transforma el cemento en un acto
de dolor y memoria.
Cómo explicar sus manos abiertas
que adornan de guirnaldas el lienzo

al otro lado del río,
al otro lado de la latitud cero.
No es cascarón
ni es tiempo, es la voz que se escapa
de las manos para liberar los demonios de la memoria.
Cómo explicar sus manos en movimiento
creando monstruos del holocausto en el cemento.
Perdió a su marido en el campo de concentración
pero no perdió el deseo de sobrevivir,
y vivir en los colores rojo y azul
y volver a vivir en los diferentes niveles del círculo
que nunca cierran su danza.
Cómo explicar el horror del alma
el escape del miedo a través de las manos
de la imaginación y del mito.

Blasphemous Clay

How to begin to speak of a woman,
small in stature, who with her hands
transforms cement in an act
of pain and memory.
How to explain her open hands
that adorn the canvas with a garland

on the other side of the river,
on the other side of latitude zero.
It is not a shell
nor time; it is the voice that flees
her hands to free the demons of memory.
How to explain her moving hands
that form Holocaust monsters in the cement.
She lost her husband in a concentration camp
but never lost her will to survive,
to live in red and blue,
and reemerge in the rings of the sphere
that never cease their dance.
How to explain the horror of the soul,
the fear escaping her hands
of imagination and myth.

No es tiempo de destapar las paredes
ni sacar gusanos de los patios de otras casas,
es momento de ver la cáscara que envuelve
la papaya, el mamey y el viento,
es momento de vivir sin vagar por pasillos oscuros
en la sala de la casa.
Cómo explicar sus manos suaves
que tocaron las mías,
y en un susurro, me invitó
a ser su huésped en Praga.
Cómo explicar el cuerpo que baila
lijado por dulces iguanas equinocciales.
Cómo explicar el misterio
que cae sobre la piedra del primer aliento,
cómo explicar
el rugido ancestral
del barro blasfemo.

Now is not the time to unlatch walls
or pull worms from other patios;
it is time to find the skin that wraps
the papaya, the mammee, and the wind;
time to live without roaming dark corridors
across the living room.
How to explain her soft hands
that touched mine,
and in a whisper, she invited me
to be her guest in Prague.
How to describe her dancing body
honed by tender iguanas of the equinox.
How to describe the mystery
of the stone that meets the first breath.
How to describe
the ancestral rumble
of the blasphemous clay.

Abres la puerta

Cuando quieres dejar de pisar
los días, las noches se confunden,
y los antepasados quieren llegar
un sábado por la tarde taciturno.
Ellos hacen su marca.
Todos quieren estar presentes:
en el pecho, en el cuello, detrás del párpado,
y en la oreja.
Quieren estar presentes en tus facciones,
y quieren continuar su presencia, en los rasgos de tu hijo.
El agua con el viento
hacen movimientos prohibidos.
El jaguar se desliza por la selva,
y sólo ataca por proteger su especie.

Open the Door

When you want to stop treading
through the days, the nights swirl
and your ancestors make their way
on a laconic Saturday afternoon.
They make their mark.
All of them wish to be present:
in the chest, on the neck, behind the eyelid,
and in the ear.
They want to be present in your features,
and persist in your son's traits.
Water and wind join
to make forbidden movements.
The jaguar slips into the jungle
and only pounces to protect its species.

II

Los antepasados comienzan a llegar a tu casa,
abres la puerta porque sabes que estás viva.
Naciste un doce de agosto por la tarde
en la clínica Ayora,
cerca del telescopio astral,
más antiguo del mundo,
cerca del Churo de la Alameda
con su barcos de paseo, y todo tipo de dulce
a la venta.
El doctor Ayora, ex presidente de la república
compartió tus gritos en su mano.
Naciste bien porque aprendiste que amar es un placer
como tomarse un buen vino.
Aprendiste a distinguir los colores del sol
y a cubrir tu cabeza en señal de respeto,
en la casa grande
donde el gallo cantaba después de la siesta.
Aprendiste a distinguir la migaja huérfana en el calor de la tarde
que acaricia tu rostro
de la infancia.
Aprendiste a querer a toda costa,
a entender que sufrir y gozar es parte de la misma hostia
y que la casa es simplemente un lugar,
sí, simplemente eso, un lugar
donde puedes mirar por la ventana
a los gorriones buscando semillas y gusanos
entre las alcachofas,
y sabes que plantar es eso
cosechar los berros que van creciendo
como labios que se abren,
y cosecho.

II

Your ancestors arrive at your home;
you open the door because you know that you are alive.
You were born on August twelfth in the afternoon
in the Ayora Clinic,
near the oldest astral telescope
in the world,
near the spiral vantage of Alameda
with its rowboats, and every kind of sweet
for sale.
Doctor Ayora, ex-President of the Republic
shared your cry in his hand.
You were born healthy because you learned that love is a delight,
like drinking fine wine.
You learned to tell the colors of the sun
and to cover your head in respect
in the big house
where the rooster crowed after the siesta.
You learned to find the orphaned crumb in the afternoon heat
that strokes
your infant face.
You learned to love at all cost,
to know that suffering and rejoicing are the same offering
and that home is simply a place,
yes, simply that, a place
to look out the window
at sparrows that hunt seeds and worms
in the artichoke,
and you know that planting is just that:
harvesting the watercress that grows
like lips that open,
and I reap.

III

El hogar lo cargas en la espalda
y el toldo de tu carpa
lo plantas en cualquier sitio del mundo.
Los berros, la cebollina, la lechuga
también los planto en cualquier sitio de la tierra.
Ese es el destino del que lee las cartas,
del que es nómada por tradición o por destierro,
del que no tiene rumbo fijo, y el mundo
es su casa.
Desayunas por costumbre,
ayunas por rito,
y las páginas se abren al enigma hebreo,
y cosecho.
Porque eso sí, el desayuno no puede fallar
ni la costumbre, ni el rito, ni el miedo,
ni el pan, ni la mermelada,
ni el café, ni el encargo del primer beso,
ni el aliento primogénito.
Es tan importante tener costumbres,
es tan importante guardar tradiciones, ritos, y alianzas,
y nunca fallar en la tradición del amanecer.

III
You carry home on your back
and place the awning of your tent
anywhere in the world.
I plant watercress, onion, and lettuce
anywhere in the earth.
That is the destiny of the clairvoyant,
of the nomad by tradition or exile,
of the drifter, with the world
as their home.

You have the usual breakfast,
you fast ritually,
and pages open to the Hebrew riddle,
and I reap.
That is why breakfast cannot fail
neither can custom, nor rite, nor fear,
neither bread, nor marmalade,
neither coffee, nor the bulk of the first kiss,
nor the breath of the first-born.
It is so important to retain customs,
so important to protect traditions, rites, alliances,
and to never miss the ritual of dawn.

IV

Has inventado tradiciones,
has creado una familia de los diferentes lugares
donde hay sobrevivientes
y cosechas
y cosecho, porque las tradiciones
se cosechan,
como decir cosechar,
acostumbrarse, acostumbrar
a los ancestros
y se cosechan
y cosecho.

IV
You have forged traditions,
you begot a family from different lands,
homes to survivors
and you harvest,
and I harvest, because traditions
are harvested,
like saying to harvest,
to accustom oneself, to accustom
your ancestors,
and they harvest
and I reap.

V

Los antepasados vienen de todas partes
no quieren perderse la cena,
saben que cocinas con gusto:
saben que le echas mucha sazón
cuando mezclas la cebolla y la panela
con hartos dientes de amor.
Meneas la cebolla, el aceite, y el amor con una cuchara de palo
y aumentas el achiote para darle color.
Las papas se unen al aliño,
sigues meneando, mientras el agua tibia
llega para unirse con las papas anaranjadas,
como rayos de sol que calientan la olla.
Todos combaten el olvido:
con un locro de papa con aguacate y queso.
Los antepasados saborean ya en su paladar de desierto,
el sabor a papa cocida con fuego de leña y cuchara de palo.
Ahí en la cocina cuelga el retrato del abuelo, de la abuela
en blanco y negro.
No entenderse es parte de pertenecer,
ser hermanos, primos, abuelos, bisabuelas es un lenguaje
que no tiene palabras,
sino gestos, facciones, silencios.
Pero hoy, justo hoy
reclamarán mi oreja, mi nariz
mi nombre, mi apellido.
Justo hoy
les daré todo.

V

Your ancestors come from everywhere
to not miss dinner,
they know you cook with joy:
they know your zest
when you mix onion and brown sugar
with many cloves of love.
You stir the onion, oil, and love with a wooden spoon
and add annatto for color.
The potatoes join the seasoning,
you keep stirring, while warm water
joins the orange potatoes
like rays of light that heat the pot.
Together they combat forgetfulness:
with a locro de papa with cheese and avocado.
Your ancestors savor in their exiled palate
the potato cooked with fire and a wooden spoon.
There in the kitchen hangs
a black and white portrait of grandfather, of grandmother.
Not understanding is part of belonging;
being brothers, cousins, grandfathers, great-grandmothers
is a language without words,
but rather gestures, expressions, silences.
But today, precisely today,
they will reclaim my ear, my nose,
my given name, my surname.
It is today
that I will give them everything.

Por los umbrales

Entran con flores en la mano
saludas con un gesto de criatura
y te sientas en cualquier sitio, porque da igual
el centro o la cabeza de la mesa,
pones velas en todas partes
que alumbran la oscuridad y los secretos.
Bebes vino tinto y una gota de lluvia derramada.
Has cocinado todo el día,
con el delantal hilado por hebras de cobre,
y mezclas el aceite de oliva, la cebolla, el ají, y el culantro
y esperas que se unan sin orgullo ni vanidad,
aumentas la cerveza con panela,
los clavos de olor caen por costumbre
y el vapor del guiso
entra por tu cuerpo
que se nutre de almendras y granadinas.

La sangre dura eternamente sin agradecimientos
de rabinos y aposentos de paja y luz.
El vapor de la sopa de papa
dibuja el contorno.

Threshold

They enter holding flowers
you greet them with an infant gesture
and sit anywhere, because it makes no difference
whether in the middle or at the head of the table;
you place candles everywhere
that illuminate the darkness and secrecy.
You drink red wine and a single raindrop.
You have been cooking all day,
in your copper-thread apron,
and mix olive oil, onion, ají and coriander
and wait for them to join without pride or vanity;
you add sweetened beer,
the scented cloves fall in as usual
and the stew's vapor
enters your body
nourished with almond and grenadine.

Blood endures eternally, ungrateful
for rabbis and chambers of straw and light.
The vapor of the potato stew
draws its outline.

Entran por los umbrales de la puerta,
han cruzado la línea ecuatorial con remos.
Atraviesan toda la ciudad de Toledo,
traen monedas de oro, y estrellas escondidas.
Han atravezado montañas andinas, mares abiertos, valles llenos de olivas,
llegan todos porque quieren saber
los últimos chismes de la familia
quieren saber los pormenores de tus secretos desvelados.

Vienen a la mesa con cuchara y tenedor
listos para palpar la presencia de la esfinge.

Quieren saber el secreto:
porque hoy,
se discutirá de las almendras y granadinas,
porque una buena salsa de cerveza
con ají, culantro y panela
es como un beso húmedo
que cae y se estremece,
es una lengua perdida
en un abismo líquido
es una máscara que cae
frente al espanto
y por eso
llegamos todos juntos
al alimento de la espera.

They enter through the door's thresholds,
having rowed across the equator.
They cross the entire city of Toledo,
bringing golden coins and hidden stars.
They have crossed Andean mountains, open seas, valleys of olives,
they come because they want to know
the latest family gossip,
the details of your secrets revealed.

They come to the table with spoon and fork
ready to touch the shadow of the sphinx.

They want to know the secret:
today,
we will discuss almonds and grenadine,
because a good sauce made of beer
with aji, coriander and brown sugar
is like a dewy kiss
that falls and shudders,
it is a tongue lost
in a liquid abyss,
it is a fallen mask
facing fear
and so,
we all come together
in the daily bread of waiting.

Drink your tea slowly and reverently,
as if it is the axis on which the world earth revolves -
slowly, evenly, without rushing toward the future.

Thich Nhat Hanh

Wear scarlet!
Tear the green lemons off the tree!
I don't want to forget who I am,
what has burned in me, and hang limp and clean,
an empty dress.

Denise Leverton

Con un trapo de franela

Limpia el polvo
con un trapo de franela
lleno de caracoles adivinos.

Acaricia el polvo
como si fuera un testigo presente
de los pasos recogidos
después de la muerte.

Repasa el vientre
detrás del párpado,
repasa la pupila
detrás del pulgar derecho,
nómada como cualquier otra nómada
en la alabanza,
y ve que debajo de la cama
todavía ha quedado
un par de zapatos.

With a Flannel Rag

She wipes the dust
with a flannel rag
full of prophetic snails.

She caresses the dust
as if it were an eyewitness
to the footsteps left
behind by death.

She scans the womb
behind the eyelid,
scans the pupil
behind the right thumb;
she is a nomad like any other
amid the praise,
and she discovers
beneath the bed
a pair of forgotten shoes.

De rodillas

De rodillas
limpio el piso de la cocina,
aunque me duelan las rodillas,
me hinco con toda la fuerza,
para restregar el piso
con una esponja de mar.
Mientras limpio el piso de la cocina
escucho el silbido de las olas
el paso lento de los cangrejos
y el cosquilleo de los caracoles que se meten de cabeza
en la arena.
Y siento en la lengua el salitre de tu piel,
y me zambullo en ese mar turquesa sin fondo,
y siento que los peces color amarrillo y negro me rozan
los muslos,
y las pantorrillas sin ningún respeto,
mientras restriego
el piso con la esponja de mar
que se hincha de jabón y espuma de mar mediterráneo.
El palpitar de la sangre
es el origen de la boca.
Las rodillas son la sensación de tu tacto,
y en medio del piso,
el mar ha llegado.

On My Knees

I clean the kitchen floor
on my knees,
although they hurt;
I hunch with all my strength
to scrub the floor
with a sea sponge.
While I clean the kitchen floor
I hear waves whistle,
the slow pace of the crabs,
and the tickle of snails that bury their heads in sand.
I feel the salt of your skin on my tongue
and I plunge in that endless turquoise sea.
I feel the black and gold fish graze
my thighs and calves ungraciously,
while I scrub
the floor with a sea sponge
that swells with Mediterranean soap and foam.
The throb of blood
is the mouth's origin.
The knees are your sense of touch
and along the floor
the sea arrives.

Párpados tatuados

He viajado por tantas partes del mundo
y en una noche cualquiera
saco la plancha para pasar por las arrugas.
He saboreado el amanecer en las sábanas
y he temblado ante el ardor de mi propio ser.
Pero las arrugas siempre vuelven,
porque el corazón
a veces nace en el aire
y a veces se pierde en el suspiro.

He repasado tantas veces las huellas
que dejan los cuerpos al amanecer,
en la sábana tibia
que acurrucó pezones endurecidos por la saliva.

Esa misma sábana
la que aguanta tus vueltas de párpados tatuados,
esa misma sábana
que guarda tu sudor secreto,
esa misma sábana
que cada noche te espera
sin pedir nada.

Tattooed Eyelids

I have traveled many parts of the world
and on any given night
I take out the iron to smooth the wrinkles.
I have savored dawn on the bedsheets
and I have trembled from the fire of my own being.
But the wrinkles always return
because the heart
can be born in the air
and can be lost in a sigh.

I have often retraced the footprints
left by bodies at sunrise,
on the warm sheet
that embraced nipples hardened with saliva.

The same sheet
that bears your turning, tattooed eyelids,
the same sheet
that keeps your untold sweat,
the same sheet
that awaits you each night
without asking a thing.

Delfín

Me cuestiono
la diferencia entre una laguna de pájaros
y un par de corazones enjaulados,
me cuestiono
sobre el placer de un sábado por la tarde
de ropas despojadas y un par de zapatos
temblando.
Siempre me cuestiono,
y por eso siempre tengo una revista al lado
que me ayuda a sacarme de la duda:
como la prevención de las arrugas
vacunas para paralizar los músculos de la cara,
para perder la expresión y la experiencia
para borrar el paso de los años
y ser joven aunque sea sólo en la frente,
también hay ejercicios para evitar la flacidez de los brazos
de los senos,
del trasero.
Es una biblioteca circular:
tantas cosas para leer
y tantas para perder.
Después de tanto consejo
extiendo las piernas
para llegar al fondo:
y poder ser

otra vez delfín.

Dolphin

I question myself
about the difference
between a lagoon of birds
and a pair of caged hearts.
I question myself
about the pleasure of a Saturday afternoon
of ravaged clothes and a pair of
shivering shoes.
I always question myself
and so, I always have a magazine beside me
that frees me from doubt:
on preventing wrinkles,
vaccines to paralyze facial muscles,
to lose expression and experience,
to erase the years gone,
and to be young, if only in the forehead.
There are exercises to avoid flabby arms,
flabby breasts,
or behind.
It is a circular library:
so much to read
and so much to lose.
After all the advice
I extend my legs
to sink deep down
and to be

a dolphin again.

La mirada del águila

La mirada del águila
aparece en medio de la noche
encendida por una lámpara
llena de insectos voladores.

Llega como ave desprevenida de toda distancia.
Recoge geranios en la oscuridad
mientras el silencio se extiende hacia un lado.
Siente la palpitación en el tercer dedo,
mientras con el aliento recoge a todos los fantasmas de la piel.

En el tercer dedo encuentra al pulgar
prendido de un higo maduro,
y siente en la unión de esos dedos
el palpitar del mundo,
donde no soy yo,
sino soy el silencio de las estrellas
el ruido del firmamento
los brincos de los saltamontes,
la charla incesante del tronco del naranjo.

The Eagle's Gaze

The eagle's gaze
appears at midnight
ignited by a lantern
of fireflies.

It arrives like a bird unfit for distance.
It gathers geraniums in the dark
while silence extends to the side.
It feels the pulse in the middle finger,
and collects the skin's ghosts in a breath.

It finds the thumb
fastened to a ripe fig
and feels the union of the fingers,
the throbbing of the earth,
where I am not myself
but the silence of the stars,
the clamor of the firmament,
the grasshoppers' leap,
the chatter of the citrus trunk.

El águila pone sus garras en el vidrio de la ventana,
sus ojos miran a los míos transmitiendo el presagio,
el miedo me hace tambalear esa noche tan bella y temida.
Voy a preguntar por los míos

que se han ido,
voy a preguntar por mis alas que me fallan en noches como éstas,
voy a preguntar por las palabras
de otros tiempos.

Sus ojos hablan el lenguaje de otros mundos,
los silencios eternos se hacen presentes
en el ave de la magia y del presagio
que aparece detrás del vidrio.

The eagle sets its claws on the window glass;
its eyes give me the omen.
Fear makes me sway in that alluring and timid night.

I will call for my kin
who have gone,
I will call for my wings missing on nights like these
I will ask for the words
of other ages.

Its eyes speak the language of other worlds;
the eternal silences emerge
in the bird of magic and prophecy
that appears behind the glass.

Echar raíces

Cuando has dejado tu tierra
la nostalgia te alimenta por un tiempo, y luego
poco a poco vas echando raíces
con la punta de los pies.
Con una escoba que pretende ser compañera
que quiere que le saques todos los días de su encierro.
A veces se vuelve caprichosa, y tienes que dejarla
escondida por varios días.
Sabes que la escoba es más valiosa que todos los objetos
que has traído de todos tus viajes.
Cada día te entrega más silencio
más ritmo y movimiento,
porque no hay peor cosa que perder el ritmo
y barrer a destiempo.
Mientras más quieta está la tierra
más se siente el temblor.
Me acuesto tranquila, sabiendo
que mañana, la escoba me espera paciente
que no guarda remordimientos,
ni me reta si me olvido su cumpleaños,
no se enoja si no tengo ganas de asistir a su aniversario
no se resiente si no tengo ganas de conversar,
no me encuentra distante, ni guarda rencores.

Taking Root

When you have left your homeland
you feed on nostalgia for a while, and then
little by little you take root
with the balls of your feet.
You have a broom that wants a partner,
that wants you to release her from days of confinement.
The broom is capricious and you must leave her
hidden for days.
The broom is your most prized possession
from all of your travel.
Each day she gives you more silence,
more rhythm and movement,
for there is nothing worse than losing one's rhythm
and sweeping offbeat.
The stiller the earth,
the harder the tremor is felt.
I lay in bed calm, knowing
that tomorrow the broom awaits me
and holds no remorse
for forgetting her birthday,
or missing her anniversary;
she does not force conversation,
does not find me distant, holds no grudge.

Me acuesto a tu lado y te siento
respirar entre las sábanas,
y sé que no tengo miedo de los ecos
que habitan en los cuartos,
ni tengo miedo
porque la escoba me aguarda
el día de mañana
para borrar los fantasmas de los sueños,
siempre leal y siempre dispuesta,
no tengo miedo
porque siento el calor
de tus sueños a mi lado.

I sleep next to you and feel you
breathe between the sheets,
and I know that I do not fear the echoes
that fill these rooms,
nor am I afraid
because the broom awaits me
tomorrow
to efface the nightmares,
always loyal and always willing,
I am not afraid
because I feel the warmth
of your dreams beside me.

Ahogar el silencio

Botar la basura
sirve para ahogar el ruido de las hojas secas
que crujen al oír tus pasos en la acera.

Un pájaro pía en un árbol
y no sé qué tipo de pájaro
y nos encontramos solos y sin memoria.
Te cuestionas de qué sirve
sacar tanta basura,
botar continuamente los desperdicios
acumular lo que no necesitamos
y convertir cada cosa en basura.

Te cuestionas
si nos encontramos sin piel
sin nada,
otro pájaro color canario
pía desde su jaula.

Un pájaro con pecho amarrillo
y alas negras
pasa por el árbol fuera de tu casa.

Con la piel y el olvido
sólo existimos para crear memoria
y así poco a poco entre los rumores soñolientos
se va borrando la memoria.

Drowning Silence

Throwing out the trash
helps to drown out the dry leaves
that creak to your steps on the sidewalk.

A bird chirps in a tree
and I don't know what kind of bird
and we find ourselves alone and without memory.
You ask yourself what good it is
to take out so much trash,
constantly throwing out waste,
collecting what we do not need,
and making trash of it all.

You ask yourself
if we find ourselves skinless
with nothing;
another bird, canary-colored,
chirps from its cage.

A bird with a golden chest
and black wings
passes a tree near your home.

With skin and forgetfulness
we exist only to create memory,
and so, little by little, between drowsy rumors,
memory erases.

El latido del corazón

Siento la imitación del latido del corazón
de Dios en el mar,
huelo el magnetismo de las montañas de Sedona
en la fuerza de la savia en el desierto.

Siento la imaginación que visita
a lo largo de las caderas
a horas inoportunas.

Siento las gotas que caen en la frente
sin tomar en cuenta,
que las luciérnagas vuelan
a un destino sin tiempo.

Heartbeat

I feel God's heartbeat
imitated in the sea,
I scent the magnetic Sedona mountains
in the might of the desert sap.

I feel imagination
running down my hips
at untimely hours.

I feel the drops on my forehead
without realizing
that fireflies soar
to a timeless fate.

El día lunar

Busco el día lunar
en la noche más corta del año.

Busco el lugar sagrado más cerca del sol,
una rama cruje en el viento
como signo de violación de lo sagrado.

Busco sacarme la piel del cuerpo
que se hace y se deshace,

busco como lagartija recién nacida,
el sonido de las hojas que caen del calendario.

Lunar Day

I search for the lunar day
on the shortest night of the year.

I search for the sacred place closest to the sun;
a branch crunches in the wind
signaling a violation of the sacred.

I try to peel off my skin
that makes and unmakes itself.

I listen like a newborn lizard
for the falling leaves of the calendar.

Lavarte los pies

Lavarte los pies
es el acto más sublime.
Un dedo, luego el otro,
las raíces de tus pies penetran la tierra tibia.
Más allá de los latidos
te toqué las mejillas
para descubrir el sentido de la noche.
Tú buceaste mi vientre lleno de lagartijas embriagadas,
y yo busqué la granja llena de iguanas ardientes en tu piel
en el acto más sublime.
Buscaste en medio de la noche
el tiempo que se queda callado.
Buscaste en los dedos del pie
la sensación de la lluvia.
Me lavaste los pies
queriendo encontrar a Dios.
Y sin querer
nos encontramos los dos.

Washing Your Feet

Washing your feet
is the most sublime act.
One toe, then another,
the roots of your feet dig into the warm earth.
I touched your cheeks
beyond the heartbeats
to find the meaning of night.
You swam in my belly full of drunken lizards
and I searched the grange of fiery iguanas in your skin
in the most sublime act.
You searched through the night
for the hushed hours.
You searched between the toes
for the feeling of rain.
You washed my feet
searching for God.
And by chance,
we found each other.

Inocentes víctimas

En el fregadero
ahí están los platos, como inocentes víctimas
que se acuestan con la espuma
de la memoria.

Sólo quedan sobras, restos, desperdicios
de copas de vino con costras rojas,
sobras de lo que existió,
sobras de lo que fue,
sobras de una noche que nunca volverá
de un pasado que existe.

Pero hay secretos escondidos
cuando miramos al agua y a los desperdicios,
hay secretos que se develan que nunca salieron
en medio de la conversación.
Siempre hay secretos que quedan
en las sobras,
es como leer las barajas del tarot,
es adivinar en las sobras
o que hay detrás de un gesto no hablado,
una mirada de ojos que se cambian,
o como hundirnos en el barro
creciendo el corazón en pedazos de silencio.

Innocent Victims

In the sink
lie the dishes like innocent victims
that sleep with the froth
of memory.

Only scraps remain, waste
of red-rimmed wine glasses,
scraps of what existed,
scraps of what was,
scraps of a night lost forever,
of a past that exists.

Yet there are secrets hidden
in the water and the waste;
there are secrets revealed that never spilled
out in conversation.
There are always secrets left
in the scraps;
it is like reading tarot cards,
to divine in the remains:
the meaning of a silent gesture,
a look of changing eyes.
It is like sinking ourselves in the mud
offering our heart in hunks of silence.

Sobar la panza

Es un gesto
y también, por qué no decirlo, es un deseo.

Sobar la panza del Buda
es buscar la buena suerte,
es buscar la poesía
que anda suelta.

Sobar la panza de Buda
es buscar grasa en una modelo anoréxica,
es ir en contra de todo,
aunque estés de acuerdo,
es buscar monedas
debajo de la almohada,

no creer en lo que te dicen
porque los políticos y los curas
son adeptos a la mentira.

Se visten de morales,
cuando no llevan ropa interior
para tapar su indecencia.

Rubbing the Belly

It is a gesture
and, why not, also a desire.

To rub the belly of Buddha
is to seek good luck,
is to seek poetry
that wanders about.

Rubbing the belly of Buddha
is looking for fat in an anorexic model,
is opposing everything,
though you might agree,
it is searching for coins
beneath a feather pillow,

doubting what you are told,
because politicians and priests
are adept at lying.

They dress in morality,
without underwear
to conceal their indecency.

Me gusta sobar la panza de los budas,
porque me deja soñar.
Soy la lagartija que se baña a diario con los rayos de sol,
soy la gata que se come la cola de la lagartija sin previo aviso,
soy la ardilla que se trepa por troncos sin crepúsculos,
soy la araña que teje pasos sonámbulos en el bosque.

Me hubiera gustado ser buda
por la panza gigante
por amar la vida
por no complicarse con nada,
por saber que un lado es igual al otro,
que el sol entra por el pecho
y sale por el corazón.

Me hubiera gustado ser hombre
y tener la barriga más grande del mundo
estirarme como lagartija tomando sol
y nunca tener que hacer dieta.

I like to rub Buddha bellies,
so that I can dream:
I am the lizard basking daily in the sun,
I am the cat eating the startled lizard's tail,
I am the squirrel that climbs the trunks without twilight,
I am the spider sleepwalking in the forest.

I would have liked to be a Buddha
for the huge belly,
for a love of life,
to be uncomplicated,
knowing that one side is the same as the other,
that the sun comes in through the chest
and out through the heart.

I would have liked to be a man
and have the biggest belly in the world,
to stretch like a lizard under the sun
and never have to diet again.

Ves en el espejo

Ves en el espejo
tu invento.

Te pintas los labios delineando cada espacio
para levantar piedras sobre ladrillos,
te rasgas los ojos con un lápiz de kohl para trazar
mariposas en la espalda del lagarto,
terminas con el rímel
para buscar lo que siempre has buscado
y seguirás buscando
junto al lagarto en una cueva.

Nada te separa de nada
y nada existe sin tu invento,
y nada existe sin nada.
Lo único que queda es el tiempo,
con tres espacios encima,
reconoces la mano en la ventana
y tratas de tocarla para que no quede al otro lado
cuando en la complicidad, la noche te acompaña,
y el espejo te deja entender
que eres tú y eres otra
que corre a tu lado
a buscar los huesos de Dios en una cueva.

In the Mirror

You see your invention
in the mirror.

You color your lips, lining every space
to lift stone over brick;
you strum your eyes with kohl to trace
butterflies on the lizard's back;
you finish with mascara
to find what you have always sought
and will continue to seek
beside the lizard in a cave.

Nothing keeps you from nothingness,
nothing exists without your invention,
and nothing exists without nothing.
Only time remains,
wearing three spaces.
You recognize the hand in the window
and try to grab it from the other side
while night is your accomplice,
and the mirror lets you know
that you are yourself and another
that runs beside you
seeking God's bones in a cave.

Ivonne Gordon Carrera Andrade (Quito, Ecuador).
https://ivonnegordon.com/ Realizó su tesis doctoral sobre: La femineidad
como máscara. Un estudio de la obra poética de Gabriela Mistral. Es poeta,
crítica literaria, traductora, ensayista. Profesora Titular de literatura
latinoamericana en la U. de Redlands, EEUU. Entre los galardones el más
reciente, obtuvo el accésit del prestigioso premio X Pilar Fernández Labrador
por Inventario íntimo de las cos así mismo fue finalista del IX del mismo
premio, el Premio Poeta en Nueva York, Ediciones Valparaíso, USA; Premio
Internacional de Poesía Hespérides; Premio de poesía, Jorge Carrera;
finalista del Premio Internacional de poesía Francisco de Aldana; finalista
Andrés Bello; Mención de Honor Premio Internacional de Poesía Academia
Oriente-Occidente, Rumania; finalista del Premio Extraordinario Casa de las
Américas. Ha publicado más de una decena de libros, Nuestrario (México,
1987); Bajo nuestra piel (México, 1989); Colibríies en el exilio (Ecuador,
1997); Manzanilla del insomnio (Ecuador, 2002); Barro blasfemo (España,
2009); Meditar de sirenas (Suecia, 2013, 3era Ed. Chile, 2019); Danza
inoportuna (Ecuador, 2016); Ocurrencias del porvenir (Argentina, 2018); El
tórax de tus ojos (España, 2018); Diosas prestadas (España, 2019); Casa de
Agua (Estados Unidos, por salir, 2021). Ha publicado numerosos artículos
académicos sobre literatura latinoamericana de divulgación internacional.
Su poesía está grabada en la Biblioteca del Congreso en Estados Unidos.
Conferencista magistral en varias universidades de EEUU. Ha sido invitada
a los más importantes festivales de poesía internacionales, su poesía consta
en más de cuarenta antologías internacionales. Ha sido traducida al inglés,
rumano, griego y polaco. Su obra es estudiada por destacados académicos en
universidades de EEUU y Ecuador.

Ivonne Gordon Carrera Andrade (Quito, Ecuador).
is a widely anthologized international award-winning poet, literary critic, translator, and Professor of Latin American Literature at the University of Redlands. She holds a Ph.D. from the U. of California, Irvine. Her book on the poetry of Gabriela Mistral is titled: Femineity as Mask, was considered groundbreaking in Mistral's poetic work. She has over ten books of poetry published in Ecuador, Spain, Sweden, Mexico, Chile, and Argentina. She has been the recipient of many national and international poetry awards, among her latest awards and publications are the prestigious X award of the International Poetry Prize Pilar Fernández Labrador as one of the prizes for Inventory of Intimate Things, Salamanca, 2023; Waterhouse (Casa de agua,) Valparaiso, USA, 2021; Diosas prestadas, Madrid, 2019, finalist International Poetry Award: Francisco de Aldana; El tórax de tus ojos Madrid, 2018; Ocurrencias del porvenir, International Poetry Award, Hespérides, Argentina, 2018; As a Fulbright Senior Research Scholar, she worked on "The Trouble of Travels: Jewish Diaspora in Ecuador." She has read twice at the Library of Congress, as well as at important international poetry festivals; her work is part of more than twenty International anthologies, and has been translated into English, Polish, Flemish, Romanian, and Greek. She has been Keynote speaker at several International Literature conferences, and the study of her work was included in panels at International literature conferences.

Bi

Diego E. Fernández was born in Cali, Colombia, and raised in Los Angeles, California. He is a Spanish professor specializing in Latin American literature, critical theory, and instructional design. He has taught all levels of Spanish language and culture courses as well as Hispanic literature and film at the University of California, Irvine, University of Redlands, and Napa Valley College in California, as well as Middlebury Language Schools in Vermont, and College of the Holy Cross in Massachusetts. In addition to teaching and writing, Diego is an animal lover and avid sports and fitness fan.

www.ingramcontent.com/pod-product-compliance
Lightning Source LLC
Chambersburg PA
CBHW052024030426

42335CB00026B/3266